AF215714

Tucholsky   Wagner   Zola   Scott   Sydow   Freud   Schlegel
        Turgenev   Wallace   Fonatne

    Twain   Walther von der Vogelweide   Fouqué   Friedrich II. von Preußen
              Weber   Freiligrath
                                                   Ernst   Frey
Fechner   Fichte   Weiße Rose   von Fallersleben Kant
                                                        Richthofen   Frommel
          Engels   Fielding   Hölderlin
    Fehrs   Faber   Flaubert   Eichendorff   Tacitus   Dumas
                                          Eliasberg   Ebner Eschenbach
          Maximilian I. von Habsburg Fock   Zweig
    Feuerbach   Eliot   Vergil
              Ewald
         Goethe   Elisabeth von Österreich   London
Mendelssohn   Balzac   Shakespeare   Dostojewski   Ganghofer
              Lichtenberg   Rathenau   Doyle   Gjellerup
    Trackl   Stevenson   Hambruch
Mommsen   Tolstoi   Lenz   Droste-Hülshoff
        Thoma   Hanrieder
Dach   Verne   von Arnim   Hägele   Hauff   Humboldt
       Reuter   Rousseau   Hagen   Hauptmann   Gautier
   Karrillon   Garschin
                       Defoe   Baudelaire
      Damaschke   Descartes   Hebbel
                                        Hegel   Kussmaul   Herder
Wolfram von Eschenbach   Dickens   Schopenhauer
                 Darwin   Grimm Jerome   Rilke   George
   Bronner   Melville   Bebel
       Campe   Horváth   Aristoteles   Proust
Bismarck   Vigny   Voltaire   Federer   Herodot
                  Gengenbach   Barlach   Heine
   Storm   Casanova   Tersteegen   Gilm   Grillparzer Georgy
        Chamberlain   Lessing   Langbein   Gryphius
Brentano   Lafontaine
   Strachwitz   Claudius   Schiller   Schilling Kralik Iffland Sokrates
         Katharina II. von Rußland Bellamy
                          Gerstäcker   Raabe   Gibbon   Tschechow
Löns   Hesse   Hoffmann   Gogol   Wilde   Gleim   Vulpius
   Luther   Heym   Hofmannsthal   Klee   Hölty   Morgenstern   Goedicke
        Roth   Heyse   Klopstock   Kleist
Luxemburg   Puschkin   Homer   Mörike   Musil
          La Roche   Horaz
   Machiavelli   Kierkegaard   Kraft   Kraus
Navarra Aurel   Musset   Moltke
              Lamprecht   Kind   Kirchhoff   Hugo
Nestroy Marie de France
                        Laotse   Ipsen   Liebknecht
   Nietzsche   Nansen   Ringelnatz
   von Ossietzky Marx   Lassalle Gorki   Klett   Leibniz
              May   vom Stein   Lawrence   Irving
Petalozzi   Knigge
       Platon   Pückler   Michelangelo   Kafka
   Sachs   Poe   Kock
                                    Liebermann   Korolenko
     de Sade Praetorius   Mistral   Zetkin

Der fröhliche Diogenes

Fred Endrikat

Impressum

Autor: Fred Endrikat
Umschlagkonzept: toepferschumann, Berlin

Verlag: tredition GmbH, Hamburg
ISBN: 978-3-8495-2983-3
Printed in Germany

Text der Originalausgabe

Fred Endrikat
Der fröhliche Diogenes

Verse in Kürze
zur Lebenswürze

Buchwarte-Verlag
Lothar Blanvalet •

Berlin
[1942]

Nicht immer leuchten Sonne, Mond und Sterne,
so daß man oft im Dunkeln tasten muß.
Dann dient der Mensch sich selber als Laterne,
und der Humor dient uns als Fidibus.

Blick aus der Tonne

Betrachte ich die Welt aus meiner Tonne,
so ist sie unwahrscheinlich kunterbunt.
Gleich einer goldnen Ampel strahlt die Sonne
in mein Palais, durch jenen kleinen Spund.

Aus diesem Spund floß einst in edler Klarheit
geläutert alter, abgeklärter Wein,
jetzt dringt die tiefste, schönste Lebenswahrheit
durch diesen gleichen Spund zu mir hinein.

Du lernst den Schein der Welt erkennen und verachten,
lernst unterscheiden Echtes von dem Schund,
die kleinsten Dinge liebend zu betrachten,
lernst du mit klarem Blick, durch diesen Spund.

Der Krönungswagen wird zum Gauklerkarren
in der Arena, flitterhaft und bunt,
die Höflingsschar ein Häuflein eitler Narren.
So ist die Welt, gesehn durch diesen Spund.

Komm, setz dich nieder zu mir in die Tonne
und freue dich aus tiefstem Herzensgrund.
Ihr andern aber, geht uns aus der Sonne,
verdunkelt nicht durch Unverstand den Spund.

Der gute Vorsatz

An guten Vorsätzen kannst du dich selbst studieren,
vorausgesetzt, daß du es nicht schon hast.
Der gute Vorsatz ist nur selten auszuführen,
Hauptsache ist, daß du den guten Vorsatz faßt.

Ein guter Vorsatz hat noch niemals Schaden angerichtet.
weil man ihn zu vollbringen nicht vermag.
Was unser starker Menschengeist auch sehnt und dichtet,
es folgt doch immer ein fleischloser Tag.

Der gute Vorsatz zählt zu jenen Frommen,
die ungeboren in den Himmel kommen.

Der klassische Unterschied

Es schlummert in jeglicher Frauenbrust
ein kleines Xanthippchen ganz unbewußt.
In jedem Manne schlummert indes
noch lange kein großer Sokrates.

Sang an die Frühkartoffel

Die ersten Veilchen sind für das Gemüt,
im jungen Frühling, wenn die Finken schlagen,
doch wenn der Sommer in die Lande zieht,
der Frühkartoffel klingt mein schönstes Lied,
aus allertiefstem, dankerfülltem Magen.

Sie hat uns in der höchsten Not erfreut,
wenn alle Reste schon zu schwinden drohten.
Sie hat den Glauben wiederum erneut,
und wenn auch nur mit Körnlein Salz bestreut,
wir grüßten sie als ersten Ernteboten.

Wenn auf dem Teller vor uns, dampfend heiß,
die Frühkartoffel ruht so zart und mehlig,
im Petersilienschmuck ihr Alabasterweiß,
da lacht das Herz, der Mund spricht Lob und Preis,
der Bauch hat ausgeknurrt und lächelt selig.

Wie herrlich, wenn sie uns entgegenrollt,
frisch aus der braunen, warmen Erdenscholle.
Sie ist uns mehr als blankes, pures Gold.
Es sei ihr unser Gruß und Dank gezollt,
der lehmbeklebten Frühkartoffelknolle.

Wandspruch für Krakehler

Hast du was zu sagen, sag es nie verdrießlich.
Unbeherrschtsein ist ein Selbsterziehungsfehler.
Außerdem und überdies und end- und schließlich:
Wirklich feine Menschen sind niemals Krakehler.

Laute Worte wirken wahrlich nur höchst selten.
Wer sich gehen läßt, der macht sich lächerlich.
Geht der Hut dir hoch bei deinen Angestellten:
Bleibe vornehm, wenn's auch schwer fällt. Fasse dich.

Brauchst du Raum und Luft für deine Zorngefühle,
und du möchtest brüllen, daß es schaurig gellt:
Schau, der Mensch hat so viel andere Ventile,
und dein edler Mund ist doch kein Rieselfeld.

Wer sich selbst bezwingt, wird andere bezwingen.
Der Krakehler ist nur schlapp und widerlich.
Merke dir das eine stets vor allen Dingen:
Bleibe vornehm. Mach es niemals so wie ich.

Der Humor

Humor ist sozusagen unser Senf des Lebens.
Er macht ein Stücklein trocken Brot zum Leibgericht.
Wer ihn nicht selbst besitzt, der hamstert ihn vergebens,
so hat man ihn entweder – oder hat ihn nicht.

Humor ist schwierig oder gar nicht zu ergründen.
Er ist stets taktvoll, niemals vorlaut und nicht spitz.
Humor ist zu erleben und nicht zu erfinden,
im Gegensatz zu seinem kleinen Bruder Witz.

Humor ist unser Freund in allen Lebenslagen,
weil er dem Herz entspringt und nicht dem Intellekt.
Man kann zum Beispiel mit Humor die Wahrheit sagen.
so daß sie uns bekommt und halb so bitter schmeckt.

Humor blüht auch an kühlen Dauerregentagen
und stimmt uns fröhlich, wenn es noch so schaurig ist.
Ja, mit Humor läßt sich sogar ein Humorist ertragen,
und wenn er wirklich noch so traurig ist.

Der Flüsterwitz

Der Flüsterwitz ist eine Fliege,
die ausgebrütet auf dem Mist
aus den Bazillen: Bosheit, Lüge.
Kein Mensch weiß, wer der Vater ist.

Der Flüsterwitz dünkt sich verboten.
Sein Lebenszweck ist zweierlei:
Verleumdung oder platte Zoten,
auf jeden Fall nur Schweinerei.

Am Stammtisch oder andern Winkeln
grinst er uns heimlich ins Gesicht
mit plump vertrautem Augenzwinkeln.
Er lebt zwar – doch er traut sich nicht.

Der Flüsterwitz nach der Entstehung
schleicht um im Kreise, tief geduckt.
Er ist wie die versetzte Blähung,
die man vom lieben Nachbarn schluckt.

Der Fromme labt sich an Episteln.
Der eine säuft, der andere priemt.
Das Rindvieh frißt sich satt an Disteln.
Für jeden das – was ihm geziemt.

Stein der Weisen

Wenn hundert Menschen ihre Freude laut bekunden,
dann ärgert sich der Hunderteinste ganz bestimmt.
Der Stein der Weisen ist noch immer nicht gefunden –
und zwar der Stein, an welchem niemand Anstoß nimmt.

Regel mit hoffentlicher Ausnahme

Das Böse hat die Eigenschaft – leicht abzufärben,
viel leichter als das Gute, sagt man allgemein.
Wenn schlechter Umgang gute Sitten soll verderben,
dann mag der Himmel allen Zuchthauspriestern gnädig sein.

Elegischer Rauchermonolog

Lebe wohl, es ist genug
mit dem langen Erdenrummel.
Bald geht unser letzter Zug,
lebe wohl, du alter Stummel.
Anfangs ging es flott voran,
plötzlich kam die große Wende.
Funkensprühend fängt man an,
und ein Stummel ist das Ende.
So verpafft man seine Zeit,
und man streicht uns von der Liste,
Sinnbild der Vergänglichkeit,
Inbegriff der leeren Kiste.
Alles muß in Rauch vergehn,
aufwärts zu den Cherubimen.
War der Anfang noch so schön,
doch der letzte Rest heißt: Priemen.
Alter Bursche, glaube mir,
Stummel sein, ist kein Vergnügen.
Schau mich an, jetzt stehen wir
beide vor den letzten Zügen.
Zeig dich stark und fasse dich,
daß man uns nicht überrasche.
Du bist so verkohlt wie ich,
darum Friede unsrer Asche.

Der Großstadtbaum

Ein Baum steht in der großen Stadt,
wo er nur wenig Sonne hat,
verlassen und alleine.
Von Osten her ein schmaler Gang,
von Westen her ein Schienenstrang,
von Süd und Nord nur Steine.

Ich blieb oft vor dem Baume stehn.
Er hat mich schweigend angesehn,
als wollte er mich grüßen.
Die Wurzeln unter dem Asphalt,
sie sehnten sich nach einem Wald,
wie ich mit müden Füßen.

Der Baum schaut mir in das Gesicht,
als wollte er mit seinem Licht
mir einen Trost bereiten.
Er muß hier Jahr um Jahre stehn
und hatte nie ein Reh gesehn
und all die Herrlichkeiten.

Bist du auf einen Platz gestellt.
der dir nicht sonderlich gefällt,
dann denk an die Akazie.
Wenn dich das Schicksal nicht verpflanzt,
dann halte aus, so gut du kannst,
und dulde still, mit Grazie.

Das ewig Weibliche

Es streiten sich die großen Philosophen
seit altersher schon um das Thema Frau.
Der eine singt ihr Lied in schönsten Strophen,
der andre wünscht sie in den Höllenofen.
Nur leider stimmt das meiste nicht genau.

Das Thema läßt sich nur von Fall zu Fall behandeln.
weil unterschiedlich und sehr delikat.
Die Frauen wandeln sich, wie sich die Zeiten wandeln,
auch soll man sie nicht öffentlich verschandeln, –
Volksgut in Ehren, doch Frauen sind privat.

Die Frau ist wie ein Dom, vor dem wir stehen,
geheimnisvoll, voll Mystik, wunderbar.
Man kennt sie nicht, von außen nur gesehen,
es fehlt der Schlüssel, um hineinzugehen.
Die Liebe ist der Schlüssel zum Altar.

Bist du dann endlich zum Altar gekommen –
in welcher Rolle, das liegt ganz an dir –
vielleicht hast du das höchste Glück erklommen.
wirst feierlich als Priester aufgenommen,
wer weiß? Vielleicht nur als ein Opferstier.

Diogenes in der Badewanne

Wenn's nicht langt, dann geht die Rechnung scheinbar niemals
richtig aus,
und du magst dich drehen, so rum – oder so.
Bei zu wenig Wasser in der Wanne schaut der Bauch hinaus,
wenn du dich nun auf den Bauch legst – friert der Po.
Also wendest du dich einfach seitenwärts,
denn geteiltes Wasser ist nur halber Schmerz.
Auf die Art und Weise ist die Rechnung wieder glatt.
Es ist gut, daß jedes Ding vier Seiten hat.

Höhere Gewalt

Wenn Stürme brausen und Gewitter dräun,
gefährden sie zuerst des Turmes Spitze.
Der Maulwurfshügel drunten kann sich freun,
in einen Misthauf' schlagen keine Blitze.

Noch höhere Gewalt

Der Trieb nach oben ist dem Mensch zu eigen,
doch kletterst du auf Erden noch so hoch,
du magst sogar bis in den Himmel steigen,
paß auf, der liebe Gott erwischt dich doch.

Im Goldnen Lamm

Im Goldnen Lamm, bei weingefüllten Bechern,
da ist es gut sein um die Abendzeit.
Ein kleiner Kreis von wohlbeleibten Zechern
genießt beschaulich weise Fröhlichkeit.
Man spricht von einst erlebten Jugendlastern
und prahlt von mancher süßen Liebesnacht.
Die Nasen blühn wie auf dem Tisch die Astern.
Eros schaut schweigend fort – und Bacchus lacht.

Im Goldnen Lamm in einer stillen Nische,
da ist es gut sein um die Abendzeit.
Ein junges Pärchen sitzt allein am Tische,
genießt das Glück der Liebesseligkeit.
Es ist ein zärtlich Flüstern und Liebkosen,
die jungen Herzen sind von Glut entfacht,
so schön wie auf dem Tisch die roten Rosen.
Bacchus schaut schweigend fort – und Eros lacht.

Im Goldnen Lamm scheint abends alles rosa,
ganz anders ist es um die Mittagszeit.
Es kommt der Tag, und mit ihm kommt die Prosa
und hält für uns das Mittagsmahl bereit.
Wie köstlich dampft jetzt auf dem Tisch der Braten,
die Klöße anzuschaun, ist eine Pracht.
Statt Astern, Rosen, leuchten die Tomaten.
Bacchus, auch Eros schweigt – Lucullus lacht.

Ansprache vor dem Spiegel

Du schwätztest viel in letzter Nacht,
der Wein verklärte deine Augen.
Du hast dir stolz dabei gedacht,
daß deine Worte so viel taugen.
Gewiß, beim Kerzenlicht der Wein
vergoldet hohle Seifenblasen.
Besiehst du sie beim Sonnenschein,
dann bleiben nichts als Schaum und Phrasen.
Im Wein liegt Wahrheit? Lieber Mann,
dies Sprüchlein läßt sich drehn und biegen.
Es kommt ganz auf die Menge an,
im Rausch selbst Götter manchmal lügen.
Das Trinken macht die Äuglein hell?
Ich möchte feierlich beteuern:
Als dieses Liedchen aktuell,
da dacht' kein Mensch ans Autosteuern.
Wer niemals einen Rausch gehabt,
schont seine Nieren und die Blase,
und wer zuviel an Wein sich labt,
kriegt früh schon eine rote Nase.
Mensch, trinke, aber nicht im Groll.
und glaube einem weisen Kauze:
Wenn's nicht mehr schmeckt, dann bist du voll.
dann sage Prost und halt die Schnauze.

Gekränkte Leberwürste

Ich glaube, von ihnen könnte wohl jeder erzählen,
wie sie ihre Mitwürste stillschweigend quälen.
Geht diesen Leberwürsten nicht alles nach Wunsch,
dann sind sie gekränkt und ziehn einen Flunsch.
Gekränkte Leberwürste sind von der Sippe
mit der ewig schmollenden Unterlippe.
Sie lieben den indirekten, passiven Zank,
wenn sie nicht gekränkt sein können, dann sind sie krank.
Solche Leberwürste sind nur mit Vorsicht zu genießen,
es wäre das beste, wenn wir sie ganz links liegenließen.
Sie warten förmlich darauf, daß irgend etwas nicht klappt,
dann sind sie gründlich und ausgiebig eingeschnappt.
Nur mit Glacéhandschuhen sind sie anzufassen.
Es ist nicht so einfach, sich ihnen anzupassen.
Sie liegen uns im Magen viel schwerer als Blei.
Leider sind gekränkte Leberwürste noch markenfrei.

Gedanken beim Stachelbeerenpflücken

Bei Rosen kann ich jenen tiefen Sinn verstehn,
daß sie mit Dornen ihre Blüten wehren.
Mir will's nur absolut nicht in den Schädel gehn,
wozu die Stacheln bei den Stachelbeeren.
Der Dorn an einer Rose macht sie zum Idol,
doch eine Stachelbeere ist uns kein Symbol.
Beim Pflücken leuchtet mir der Sinn und Zweck nicht ein.
Beim Essen denk' ich mir: Es wird schon richtig sein.

Der wahre Menschenfreund

Ein Menschenfreund zu sein, ist nicht so schwer.
wenn Blick und Urteil rein und ungetrübt.
Ein wahrer Menschenfreund ist aber der,
der Menschen kennt – und sie doch trotzdem liebt.

Philosophie im Hochsommer

Der übergroßen Weisheit der Natur
kommt man erst ganz allmählich auf die Spur.
Man nimmt so manches oberflächlich hin,
doch hat das kleinste Ding sehr tiefen Sinn.

So hat zum Beispiel eine Kuh das Horn,
damit sie weiß, was hinten oder vorn.
Mit einem Schlage wird mir nun bewußt,
wozu der Mann die Warzen an der Brust.

So quält und foltert man das arme Hirn
und denkt hernach: Wer weiß, man kann sich irr'n.
Wenn man auch wirklich einen Fehlschuß macht –
doch immerhin, man sieht: Es wird gedacht.

Feldpostbrief

Ich dank' dir für die wenn auch kurzen Zeilen,
sie haben meiner Seele wohlgetan.
Wenn die Gedanken heute bei dir weilen,
schwimmst du vielleicht auf weitem Ozean.
Du fehlst uns sehr, das kann ich dir wohl sagen.
trotz der doch immerhin geraumen Zeit.
Wenn wir des Abends hin und wieder tagen,
dann steht auf deinem Platz ein Glas bereit.
Vorgestern ist der Bodo hier erschienen,
er kam wohlauf aus Griechenland zurück.
Der gute Jens fischt im Kanal nach Minen,
und Peter schlägt sich mit dem Bolschewik.
Du fragst mich nun, was wir indes begonnen.
Es klingt bald wie aus einer andern Welt:
der Hannes malt, der Michel schnitzt Madonnen,
und Otto hat in München ausgestellt.
Auch sonst ist alles hier ganz frisch und rege.
Die kleinen Sorgen sind unwesentlich.
Wir gehen zuversichtlich unsre Wege
und warten auf den Frühling und auf dich.
So will ich dir zum Schluß die Flosse reichen.
Mit einem Gruß leg' ich für dieses Mal
ein Büchlein bei, und als das Lesezeichen
fern aus der Heimat einen Sonnenstrahl.

Das Warten

Schön ist es, im Rosengarten,
wie der Dichter singt, zu warten.
»Liebchen mein« und »Mondenschein«,
»Blütenhain« nebst »Stelldichein«.
Liebe färbt das Warten rosa,
doch im Leben gilt die Prosa.
Wer das Warten will verstehn,
der muß an den Schalter gehn.
Hunde sind nicht mitzubringen.
Nerven sind vor allen Dingen
höchstenfalls dann angebracht,
wenn man sie bezähmt, bewacht.
Stell dich hinten an und schau
auf den Hals der Vorderfrau,
oder spiegle dich im Glanz
vom Genick des Vordermanns.
Glaube mir in allem Ernste:
Ob du willst, ob nicht, hier lernste
warten. Es kommt jeder dran.
Frau für Frau und Mann um Mann.
Nur mit Ruhe. Nicht so eilig.
Warten ist niemals langweilig,
wenn du innre Sammlung findst
und dich auf dich selbst besinnst.
Warten macht den Menschen weise,
und der Schalter wird zur Schleuse,
wo der Strom der Zeit sich ballt
durch behördliche Gewalt.
Ströme stauen sich zu Meeren,
die zum Schalter hin begehren.
Bist du endlich glücklich dran,
wartest du gleich nebenan.
So erwartest du dein Alter
hinter oder vor dem Schalter.
Mit Geduld kommst du am End'
weiter als mit dem Talent.

Auf des Lebens Wanderfahrten
heißt es: Warten, nichts als Warten.
Bis du dich gen Himmel schwingst
und ein Hosianna singst.
Unser Schicksal auf der Erde
lenkt teils Gott, teils die Behörde.
Laß dir Zeit. bewahre Ruh,
warte nur, bald kommst auch du.

Bestimmung

Soviel Dinge gehn im Leben
auf dich zu, noch mehr daneben.
Mensch, dein Weg ist dir bestimmt.
Nimm das Schicksal, wie es kimmt.

Jeder muß sein Päcklein tragen,
teils mit Wohl-, teils Unbehagen^
Schau nach vorn, dort gehen sie:
Hans im Glück und Pechmarie.

Etwas Sonne, sehr viel Regen,
Freude folgt den Nackenschlägen,
oder manchmal umgedreht.
wie es so im Leben geht.

Wieviel Blüten an dem Baume
werden nie zur reifen Pflaume.
Wieviel Pulver, wieviel Blei
schießt der Feind an dir vorbei.

Weine nicht um das Verpaßte.
Denke: Was du hast, das haste.
Kriegst du nicht, was du gewollt,
hat es wohl nicht sein gesollt.

Das bin ich

Du möchtest wissen, wer ich bin?
Kein Buch, das streng versiegelt.
Ich trete offen vor dich hin,
vollkommen ungeschniegelt.

Ich bin kein tosender Orkan,
entfesselt von Dämonen,
kein sturmbewegter Ozean.
in dem Titanen wohnen.

Ich bin ein kleiner, stiller See,
der tut, als ob er schliefe.
Der eine wächst halt in die Höh',
der andre in die Tiefe.

Ein Himmelstürmer bin ich nicht,
den einst die Götter zeugten.
Es dient nur mein bescheiden Licht.
den Menschen heimzuleuchten.

Ich sing' mein Liedchen, wie's mir paßt,
den Mädchen und den Knaben.
Und wenn du mich nicht gerne hast,
kannst du mich gerne haben.

Bauernweisheit

Der Wille ist ein Denken und Schwätzen.
Die Tat gibt dem Willen das Lebenslicht.
Der Glaube kann wohl Berge versetzen,
aber Komposthaufen versetzt er nicht.

Der geschlagene Langstreckenläufer

Ein Langstreckenläufer mit vielen Weltrekorden
ist jüngst herausgefordert worden.
Man wollte von ihm eine Höchstleistung sehen,
und zwar sollte er den Instanzenweg begehen.
Er gab seine Zusage und trainierte voller Eifer,
denn das erfordert Mut, selbst für einen Langstrecken-
läufer.
Man schloß große Wetten, und der Tag kam endlich,
und der Langstreckenläufer blamierte sich schändlich.
Er ist auf halbem Wege zum Start zurückgekrochen,
vollkommen an Leib und an Seele gebrochen.
Im Langstreckenlauf hat er Weltrekorde gehalten,
den Instanzenweg vermochte er nicht durchzuhalten.

Die Rolle

Man gibt uns ein Röllchen, bescheiden und kurz,
der Inhalt und Umfang sind piepe und schnurz.
Die Hauptsache ist, sie zu begreifen.
Wir spielen nach Möglichkeit ganz lebenswahr.
Zuerst ist man Stärchen, dann wird man ein Star.
Dem Keimen folgt Blühen und Reifen.

Man denkt sich und lebt in die Rolle hinein.
und ist sie auch scheinbar nur winzig und klein –
wir können die Größe ihr geben.
Die Länge der Rolle allein macht es nie.
Es macht nicht das »Was«, vielmehr nur das »Wie«,
sowohl in der Kunst wie im Leben.

Rücksprache mit der Hose

Ich habe mit meiner Hose Rücksprache genommen,
ob wir beide wohl gut durch den Winter kommen.
Sie legte ihr Antlitz in noch mehr Falten
und meinte: »Ich habe die Absicht, eisern durchzuhalten.
Mein Boden dehnt sich zwar schon bis ins Uferlose,
bin sonst aber eine innerlich geschlossene Hose.
Der Glanz und die Wolle aus früheren Tagen
sind teils weggebürstet und teils abgetragen,
die Nähte und Falten sind leidlich durchstoßen,
sonst bin ich noch rüstig im ganzen und großen.
Der Charakter bildet sich im Laufe der Zeiten
und überschattet alle die Äußerlichkeiten.
Eine ehrwürdige Hose mit Flicken und Narben
kann Bände erzählen in den buntesten Farben.
Die härtesten Kämpfe und Stürme im Leben
haben mir die richtige Haltung gegeben.
Ich habe mir fest und eisern vorgenommen,
wir beide müssen gut durch den Winter kommen.«
So sprach meine Hose, die an Jahren so reiche,
vor mir stehend wie eine knorrige Eiche.
Oh, ihr kleingläubigen Zweifler solltet euch schämen
und einmal mit eurer Hose Rücksprache nehmen.
Man soll es kaum glauben, wieviel Kraft und Lebensmut
in solch einer welterfahrenen Hose ruht.

An meinen Apfelbaum

Ich sah hinterm Zaun dein verzagtes Gesicht,
von Dornen und Sträuchern umgeben.
Du strebtest vergebens nach Sonne und Licht,
die Zweige verbogen. Nein, schön warst du nicht.
Ich half dir im Kampf um dein Leben.

Ich habe gegraben, gehackt und gesägt,
befreite vom Moos deine Rinde,
die Krone gesäubert, den Stamm freigelegt.
Ich hab' dich nach all der Entbehrung gepflegt,
gleich einem verwahrlosten Kinde.

Du bist wie verjüngt aus dem Schlafe erwacht
im Frühling, dem sonnigen, warmen.
Wie hast du geleuchtet in blühender Pracht,
glückstrahlend mir morgens entgegengelacht:
Oh, komm doch und laß dich umarmen.

Nun stehst du im Herbst als ein prächtiger Baum
mit köstlich beladenen Zweigen.
Es duftet wie Weihnacht im festlichen Raum,
rot schimmern die Äpfel, ein kindlicher Traum.
So schön ist dies dankbare Schweigen.

Du hast mir unzählige Freuden beschert,
uns allen, dem Fink und der Meise.
Du warst mir die Liebe und Mühe schon wert.
Das wirkliche Danken hast du mich gelehrt,
so reichlich, so herzlich, so leise.

Nach meiner ersten Scheidung

Wenn man bedenkt, wie weise, wunderbar und fein
die Weltenordnung schirmt den heil'gen Ehebund!
Zu deiner Scheidung muß ein Grund vorhanden sein,
doch bei der Heirat glaubt man dir auch ohne Grund.

Nach meiner zweiten Scheidung

Du fragst mich, was ich von den Frauen halte?
Als Antwort geb' ich dir darauf:
Ich bleibe unentwegt der Alte.
Ich geb' die Hoffnung niemals auf.

Schweinephilosophie

Wir Schweine sind seit alter Zeit,
die weißen wie die schwarzen,
das Sinnbild der Beschaulichkeit,
ob mit – ob ohne Warzen.
Nur wer für seinen Bauch gelebt,
der hat für uns Verständnis.
Das Schwein irrt nie – weil es nicht strebt,
darin liegt die Erkenntnis.
Das Leben ist ein Ringelspiel,
es dreht sich selbst im Kreise.
Wer nichts tut – der tut schon nicht viel.
Wer gar nichts tut, ist weise.
Vom Müßiggang sich auszuruhn,
das heißt, die Zeit verprassen.
Man kann im Leben sehr viel tun –
doch noch mehr – unterlassen.
Wir säen nicht, wir ernten nur,
damit wir gut geraten.
Wir sind bestimmt von der Natur
zu Schinken, Wurst und Braten.
Ein Schwein nimmt jeden Schmutz in Kauf
und denkt: Jedem das Seine.
Das Schwein ißt keinen Menschen auf.
Der Mensch verspeist uns Schweine.

Die beiden Seiten

Die Natur hat uns zum Segen
alles gut ausbalanciert,
daß der Mensch auf seinen Wegen
nicht das Gleichgewicht verliert.
Darum hat der Mensch zwei Seiten.
Ist die rechte lahm und krumm,
hat dies gar nichts zu bedeuten,
dreht er sich zur linken um.
So verteilt man seine Bürde –
halb so schwer erscheint die Last –
teils mit Laune, teils mit Würde,
wie und wo es eben paßt.
Darum hat der Mensch zwei Seiten,
eine hinten, eine vorn.
Vorne für die guten Zeiten
und die hint're für den Zorn.
Unter Menschen gibt es Leute
mit dem sonderbaren Trieb
stets nach der verkehrten Seite,
und das nennen sie Prinzip.

Wandspruch für Kopflose

Ein harter Kopf geht durch die Wände,
obwohl es Schmerz und Beulen macht.
Beim klugen Kopf tun dies die Hände,
und er wird niemals ausgelacht.
Mit dem Kopfe durch die Wand
kommt man leicht um den Verstand.

Eigene Meinung

Die Menschen streiten hier und da,
bekritteln jegliche Idee
teils mit Bejahung oder mit Verneinung.
Der Esel sagt zu allem: *Ia*.
Der Hammel sagt zu allem: *Mäh*.
So hat ein jeder seine eigne Meinung.

Menschen, lernet von den Tieren

Die Natur ist tolerant,
sorgt für Ausgleich der Extreme.
Nur der Mensch mit dem Verstand
schafft Konflikte und Probleme.

Friedlich läßt ein sattes Tier
neben sich sein Mittier laufen.
Säuft ein Ochse voller Gier,
wird er sich doch nie besaufen.

Nur ein Floh, der Hunger hat,
saugt das Blut aus Menschenkeulen.
Wenn der größte Tiger satt,
läßt er sich das Köpfchen kräulen.

Schau dem Tier in das Gesicht:
Nirgendwo der Falschheit Schatten.
Haß und Feindschaft gibt es nicht,
nur die Hungrigen und Satten.

Gleich und gleich gesellt sich gern,
Gegensätze sich berühren,
darin liegt des Pudels Kern.
Menschen, lernet von den Tier.

Verlaß dich auf dich

Verlaß dich nicht auf das, was scheint,
verlaß dich auf die eignen Werke,
nicht aber auf den schwachen Feind,
auch nicht auf deiner Freunde Stärke.
Nur wer die eigne Kraft ermißt,
der weiß, wo seine Schwäche ist.

Schätz alles, was da gut und wahr,
doch unterschätze nicht die Tücken.
Halt dir vom Leibe die Gefahr,
dann fällt dir niemand in den Rücken.
Nur wer sich auf sich selbst verläßt.
hat einen Freund, das halte fest.

Wer aber nur auf Gott vertraut
und legt sich müßig auf den Rasen
und nach gebratnen Tauben schaut,
fängt weder einen Floh noch Hasen.
Verlaß dich nur auf dich allein,
dann wird Gott immer bei dir sein.

Stammbuchvers

Wenn etwas schön ist, komme nicht in Wut
durch irgendeinen kleinen Zwischenfall.
Kackt dir mal eine Nachtigall auf deinen Hut –
dann freu dich an dem Lied der Nachtigall.

Fröhlicher Besuch

Hallo, wer kommt mit Sing und Sang
so fröhlich dort den Weg entlang?
Ich höre ihn schon aus der Fern',
solch frohe Menschen hab' ich gern.
Es klingt sein Lied so wohlgemut,
er trägt ein Blümlein an dem Hut
und winkt mir mit dem Wanderstab.
»Ei, grüß dich Gott, du lustger Knab.'«
Er hält vor meiner Gartentür.
»Macht auf. Bin der Gerichtsvollzieh'r.«
Er lächelt mich so strahlend an,
als wär's der liebe Weihnachtsmann.
Fürwahr, ein seltsamer Patron,
wie Donnerschlag mit Harfenton,
wie Blitz mit Maiensonnenschein.
»Seid mir willkommen. Tretet ein.«
Wir nehmen an der Buche Platz
und halten einen kleinen Schwatz
wohl über Wetter und den Wind,
wie weit schon die Radieschen sind,
und daß der Frühling ziemlich kalt.
Da ruft der Kuckuck aus dem Wald.
Ich denk': »Halt's Maul, du dummes Tier.«
Diskret ist mein Gerichtsvollzieh'r,
er singt so laut und wohlgemut:
»Was frag' ich viel nach Geld und Gut.«
Wir beide gröhlen um die Wett',
gen Himmel schmettert das Duett,
die Vöglein stimmen fröhlich ein.
In unsern Gläsern blinkt der Wein.
Er greift zum Glas: »Prost, altes Haus.«
Wir stoßen an und trinken aus.
Ich schenke ein den Rebensaft,
wir trinken schließlich Brüderschaft.
Bei Gläserklang und Finkenschlag
der Morgen wurde längst zum Tag,

auch dieser sank schon hinterm Tann,
es fing zu nachmittagen an.
Laut rief mein Freund: »Schenk ein, schenk ein.
Hier bin ich Mensch. Hier darf ich's sein.«
Das Echo lieblich widerhallt.
Der Kuckuck war verstummt im Wald.
Die Sonne sank schon hinterm See.
Das Abschiednehmen tut so weh.
Wenn Freunde auseinandergehn,
dann sagen sie: »Auf Wiedersehn.«
Ich winkt' ihm nach am Gartenzaun:
»Gut' Nacht. Leb wohl. Auf Wiederschaun.«
Auf meinem Tisch, beim leeren Glas,
ein Zettel lag, auf dem ich las:
»Wie schön, daß du des Lebens Ernst
von dieser Seite kennenlernst.
Wenn du was brauchst, dann komm zu mir.
Dein fröhlicher Gerichtsvollzieh'r.«

Unreifes Obst

Aus des Nachbars Garten nascht man gern als Kind,
völlig unbekümmert um die Folgen und den Schaden,
ob die Äpfel noch so sauer sind
und die Pflaumen unreif oder voller Maden.
Später wird man kritisch. Wenn erst die Vernunft beginnt,
findet man die reifen Äpfel viel gesünder,
und sie schmecken besser, wenn's die eignen sind.
Die gestohlnen Äpfel, die sind für die Kinder.

Schwan auf der Alster

Am Alsterfährhaus zieht ein Schwan
mit stolzer Grazie seine Bahn.
Wie er sich wendet und sich dreht,
ist jeder Zoll ganz Majestät.
Das schöne Bild das Herz erbaut,
wenn man nicht bis nach unten schaut.
Verläßt der stolze Schwan sein Reich,
dann watschelt er der Ente gleich.
Wie er so latscht und wackelnd geht –
fürwahr, bar jeder Majestät!
Er wirkt als König bis zum Knie,
doch dann versagt die Poesie.
Zur Wirkung braucht der Schwan den See
so wie der König sein Milieu.
Zerstört man nun die Phantasie,
bleibt ein gewöhnlich Federvieh.
So offenbart sich jederzeit
wie hier die Unvollkommenheit.
Die Liebe urteilt nicht so roh,
denn Leda liebt den Schwan auch so.

Kleine Freuden

Du beklagst dich, daß dein Leben trüb und einsam,
voll Enttäuschung ist an dir vorbeigezogen.
Schau die winzig kleinen Freuden an: Gemeinsam
leuchten sie gleich einem schönen Regenbogen.

Schau die Sonne an: Wie jeder Strahl bescheiden
einzeln durch das kleinste Fenster scheint.
Wie die Regenperlen sind die kleinen Freuden,
die ein guter Engel für uns weint.

Naturgesetz

Es ist ganz natürlich an einer Fackel:
Die leuchtende Flamme zeugt schwärzenden Ruß.
In jedem Kritiker schlummert ein Dackel,
der spielend zerreißen und zubeißen muß.

Vertauschte Rollen

Wenn man in umgekehrter Welt
den Clown auf das Katheder,
den Philosoph aufs Drahtseil stellt –
wer wirkt von beiden blöder?

Hymne an den Ärger

Ein Wermutstropfen ist was Gutes,
von rauher Schicksalshand kredenzt.
Er dient zur Reinigung des Blutes,
als Dämpfer deines Übermutes,
damit du Maß und Ziel erkennst.

Vergißt Fortuna hold zu lächeln,
dann knallt der Hagel dir aufs Dach.
Steckst du im Pech bis zu den Knöcheln,
denk: Ewig kann der Lenz nicht fächeln,
und einmal kommt der große Krach.

Wie reizlos wäre unser Leben
bar jedes Ärgerzwischenfalls.
Man kann nicht nur auf Wolken schweben,
es muß auch Augenblicke geben.
wo man sich sagt: Paß auf, gleich knallt's.

Der Wermut hilft in jedem Falle,
wenn man ihn nicht aus Kübeln säuft.
Wir Menschenkinder brauchen alle
das Herz genau so wie die Galle –
wenn letztere nicht überläuft.

Weise Einrichtung

Du darfst so dumm sein, wie du willst,
wenn du nur selbst es weißt und fühlst.
Wenn du versteckst dein kleines Licht,
sieht man den großen Schatten nicht.
Die Dummheit, die du klug verschweigst,
hilft mehr als Weisheit, die du zeigst.
Halt deinen Mund und stell dich doof,
dann nennt die Welt dich Philosoph.

Einem Kunstbeflissenen ins Stammbuch

Es ist wunderschön, der schönen,
hohen hehren Kunst zu fröhnen,
wenn der Götterfunke sprüht
durch das Herz und das Geblüt.
Mancher lebenslänglich künstelt,
nur von einem Wahn begünstelt,
und er bleibt ein Firlefanz
wie ein Bär beim Spitzentanz.
Laß des Musentempels Stufen
jenen, die dazu berufen.
Auf das Wollen kommt's nicht an,
Kunst ist eben, wenn man kann.
Mühst du dich auch noch viel länger,
Bären bleiben Sohlengänger.
Streite nicht wie Meister Petz
wider das Naturgesetz.
Nutzlos hast du dich zerfranst,
weil du willst, was du nicht kannst.

Temperierte Wasserleitung

Zwei Rohre gehn durch ein Hotel
in schönster Eintracht parallel,
gehn sozusagen Arm in Arm.
Ein Rohr ist kalt – das andre warm.
Vom Keller steigen sie empor
zum ersten Stock, Rohr neben Rohr.
Sie machen an zwei Hähnen halt.
Ein Hahn heißt »Warm«, der andre »Kalt«.
Der eine sprudelt glühend heiß,
der andre aber kalt wie Eis.
Vom ersten Stock geht dann empor
zum zweiten Stock Rohr neben Rohr.
Sie machen an zwei Hähnen halt,
ein Hahn heißt »Warm«, der andre »Kalt«.
Der eine sprudelt ziemlich heiß,
der andre beinah kalt wie Eis.
Vom zweiten Stock geht dann empor
zum dritten Stock Rohr neben Rohr.
Sie machen an zwei Hähnen halt,
ein Hahn heißt »Warm«, der andre »Kalt«.
Der eine sprudelt nicht mehr heiß,
der andre auch nicht kalt wie Eis.
Vom dritten Stock geht dann empor
zum vierten Stock Rohr neben Rohr.
Sie machen an zwei Hähnen halt,
ein Hahn heißt »Warm«, der andre »Kalt«.
Der eine sprudelt wärmlich flau,
der andre nur ganz lind und lau.
Vom vierten Stock geht dann empor
zum fünften Stock Rohr neben Rohr.
Sie haben durch des Marsches Last
sich gegenseitig angepaßt.
Im zwölften Stock stimmt's ganz genau,
statt heiß und kalt sind beide lau.
Das Ding hat einen tief'ren Sinn,
und zwar liegt nur der Grund darin:

Das Rohr von links, das Rohr von rechts
sind beide selbigen Geschlechts.
Kein Wunder, wenn so was passiert,
daß man die Temp'ratur verliert.

Der Dickkopf

Ein Dickkopf, der verhätschelt wird,
wächst immer härter und kompakter,
bis daß er schließlich so weit irrt
und glaubt, sein Dickkopf sei Charakter.
Wenn Einfalt sich mit Starrsinn paart,
das wird ein Schädel felsenhart.
Ein Dickkopf ist noch längst kein Haupt.
Jenes erreicht – was jener glaubt.

Stille Rückschau

Plötzlich bleibst du stehn und schaust zurück
auf den Weg, den du gegangen bist,
siehst die Jahre rückwärts, wie die Kilometersteine.
Manche sind beinah verblaßt im Dämmerscheine,
wie wenn Gras darüber hingewachsen ist,
wieder andre leuchten hell vor deinem Blick.
Deine Augen forschen nach den Sorgen und den Nöten,
über die dein Fuß so mühsam oft getreten,
klein und winzig wirken sie, von rückwärts aus gesehn.
Die Gedanken wie die kleinen Lämmer weiden
auf den Blumenwiesen der erlebten Freuden.
Möchtest du denselben Weg noch einmal gehn?
Wenn du stillstehst, wirst du deutlich sehn,
wie die Gegenwart wird zur Vergangenheit.
Lebenswert sind solch beschauliche Minuten,
Kraft zu schöpfen aus dem Quell des Guten
für den Marsch ins Morgen, denn der Weg ist weit.
Noch ein Blick ins Gestern, und dann heißt es: Weitergehn.

Besinnlichkeit

Es ist so schön. am Waldesrand zu sitzen,
den alten Bäumen gleich, zu grübeln, weltenfern,
aus den Gedanken Miniaturen schnitzen
zum kleinen Spruch mit einem lebensnahen Kern.

Wir unter uns

Die Schlange rügt am Regenwurm das Kriechen.
Die Elster schimpft den Raben Dieb und Vagabund.
Das Stinktier sagt zum Iltis: Ich kann dich nicht riechen.
Die Ziege nennt den Hammel einen blöden Hund.

Wir fragen uns: Wie kann man sich nur so beschimpfen,
dazu ganz öffentlich und mitten ins Gesicht?
Wir sagen stolz, indem sich Herz und Nase rümpfen:
Ein Mensch von Bildung und Erziehung tut das nicht.

Das überlassen wir den Buben auf den Gassen.
Wenn wir uns aber durch die Wucht des Augenblicks
zu einem offenen Beschimpf hinreißen lassen,
dann höchstenfalls und überdies nur – hinterrücks.

Die Wände lauschen und die Menschen denunzieren.
Bald stehen wir vorm Richter mit gesenktem Blick.
Wir müssen Buße tun und auch noch inserieren:
Ich nehme das Gesagte reuevollst zurück.

Wenn wir uns dann vor aller Welt die Hände reichen,
so ist das ehrlich und ganz ohne Falsch und Hehl.
Wir sind dann wieder völlig unter Unsresgleichen,
denn nur ein Esel sagt zum Ochsen: Du Kamel.

Der richtige Tip

Es läßt sich im Leben, genau wie beim Rennen,
im voraus der richtige Tip schwerlich nennen.
Da gibt es bekanntlich stets zweierlei:
Der eine tippt richtig – der andre vorbei.
Das Richtige muß man mit Ausdauer suchen.
Oft denkst du, du hast es. Bald merkste: Ja, Kuchen.
Der eine hat Glück und der andre Malheur,
man merkt das nur leider meist erst hinterher.
Es bleibt so ein ewiges Suchen auf Erden,
im Sport und der Liebe, bei Frauen und Pferden.
Einst kommt doch für jeden im Schicksalsbetrieb
der richtige Tip und der richtige Typ.

Nachträgliche Geschenke

Das Fest ist um, der Tisch geräumt,
verklungen sind die Lieder.
Der schöne Traum ist ausgeträumt,
der Alltag hat uns wieder.
Auf einmal kommt von ungefähr
ein Gruß und ein Geschenk daher.
Das sind die schönsten Feste oft,
die unerwartet, unerhofft.

Der Herbst ist um, das Feld geräumt,
verstummt der Vöglein Lieder.
Des Sommers Traum ist ausgeträumt,
der Winter hat uns wieder.
Auf einmal kommt von ungefähr
ein Tag mit Sonnenschein daher.
Die Feiertage sind so schön,
die gar nicht im Kalender stehn.

Früher Frühling

Zwischen Februar und März
liegt die große Zeitenwende,
und, man spürt es allerwärts,
mit dem Winter geht's zu Ende.
Schon beim ersten Sonnenschimmer
steigt der Lenz ins Wartezimmer.
Keiner weiß, wie es geschah,
und auf einmal ist er da.

Manche Knospe wird verschneit
zwar im frühen Lenz auf Erden.
Alles dauert seine Zeit,
nur Geduld, es wird schon werden.
Folgt auch noch ein rauher Schauer,
lacht der Himmel um so blauer.
Leichter schlägt das Menschenherz
zwischen Februar und März.

Gib ihm

Wenn du vor aller Welt die größte Frechheit plapperst,
daß deiner Worte Sinn naiv und harmlos scheint,
und unbekümmert mit den Narrenschellen klapperst,
meint jeder Mensch, sein lieber Mitmensch sei gemeint.

Dämmerstunde

Wie schön ist eine Dämmerstunde
allein mit sich in trauter Runde.
Es dämmert sich auch gut zu Zwei'n,
vereint mit einem Glase Wein.
Scheint uns das Leben sehr belämmert,
wird man darüber hingedämmert
und schwebt hinfort aus dem »zur Zeit«
in Zukunft und Vergangenheit.
Weit ab verebbt das Weltgetöse,
fern liegt das Gute und das Böse,
das Dämmern ist ein wacher Traum,
und licht- und luftleer scheint der Raum.
Es ist so, wenn man's recht erlebte,
wie wenn ein Ei im Nebel schwebte.
Der Dämmerzustand soll ein Schein,
jedoch kein Dauerzustand sein.
Der eine muß die Augen schließen,
um so das Dämmern zu genießen,
und qualmt die Stube grau und blau.
Der andre dämmert mit Radau.
Sehr viele lieben Dämmerschoppen
mit Schachspiel oder Kartenkloppen.
Und manche treiben Politik,
da lobe ich mir die Musik.
Auch solche gibt's, die Zeit verschwenden
mit wohlbeleibten Bücherbänden,
andre mit Frauen schlank und zart,
ein jeder halt auf seine Art.
So ist das Dämmern mal hienieden
bei allen Menschen grundverschieden,
bei einem spät – beim andern früh,
bei vielen dämmert's leider nie.

Vorsicht!

Wenn's dir gut geht, darfst du nicht vergessen,
daß du bald die andre Seite kennenlernst.
Mit den Göttern ist schlecht Kirschenessen.
Wenn sie lächeln, nimm es nicht so ernst.

Nimm das Glück als Gratisschicksalsspende,
nicht als Grund zum Hoch- und Übermut.
Auch der schönste Sonntag hat ein Ende.
Und mir scheint, so ist es gut.

So oder so

Der Hammer ist ein eigner Tropf,
mal trifft er gut und mal geringer,
dem Nagel mitten auf den Kopf –
oder den Nagel auf dem Finger.

Allen, die es angeht

Ein Jagdhund, der den Schnupfen hat,
wird schwerlich einen Hasen wittern.
Aus einem Holzkopf, hohl und platt,
wird niemals ein Gedanke splittern.

Mein Herrgott ist kein Bürokrat

Mein Herrgott ist kein Bürokrat,
verkalkt, verknöchert und veraltet,
der jedes Menschen Wort und Tat
notiert und Buch führt früh und spat
und streng darüber staatsanwaltet.

Mein Herrgott wohnt in Wald und Flur.
Ich liebe ihn und seine Werke.
Er zeigt sich uns in der Natur,
sein Blitz, sein Sturm sind Zeichen nur
der Größe seiner Macht und Stärke.

Der Herrgott schuf die Menschen nicht
als arme und geduckte Sünder.
Er schenkte uns das Sonnenlicht,
daß wir ihm schauen ins Gesicht
als freie, frohe Menschenkinder.

Mein Herrgott ist kein Bürokrat,
er lebt in jeder Erdenkrume,
wenn aus ihr keimt die junge Saat.
Sein Geist uns von den Sternen naht,
aus jedem Baum und jeder Blume.

Weisheit auf Eseln

Ein Weiser ritt vom Morgenland
auf seinem Esel durch den Sand.
Der Weise dachte, dacht' und ritt,
der Esel stapfte Schritt für Schritt.
Auf gleichem Wege kreuz und quer
kam noch ein weiser Mann daher,
der dachte auch und dacht' und ritt,
sein Esel stapfte Schritt für Schritt.
Die weisen Männer grüßten sich
mit »Salem« und »Gott grüße dich«.
Sie waren nämlich ganz extrem
aus Mekka und aus Bethlehem.
Auch beide Esel grüßten sich
auf ihre Art, ganz einheitlich.
Nach kurzer Zeit ein weiser Mann
mit Vorsicht ein Gespräch begann.
Er wählt als Thema das Problem:
Ob Mekka oder Bethlehem.
Der andre Weise lauscht' und ritt.
die Esel stapften Schritt für Schritt.
So geht es eine Weile fort,
da nimmt der andre Mann das Wort,
behauptet, daß das Seelenheil
allein nur ruht im Gegenteil,
denn überdies und außerdem
nur Mekka – niemals Bethlehem.
Jetzt rief der weise Widerpart:
Man schwört beim Kreuz und nicht beim Bart.
Ob das Gott wohlgefällig sei
von wegen der Vielweiberei.
Höchst sündig – wenn auch angenehm –
sei Mekka anstatt Bethlehem.
Man diskutierte, stritt und stritt.
Die Esel dachten Schritt für Schritt:
Für uns ist beides unbequem,
ob Mekka oder Bethlehem.

Der Abend kam und dann die Nacht.
Wenn sich die zwei nicht umgebracht,
schwört jeder noch auf sein System,
teils Mekka und teils Bethlehem.
Das haben alle Weisen eigen:
Sie lassen sich nicht überzeugen.

Wenn sich zwei weise Männer streiten,
die sollten nie auf Eseln reiten,
auch nicht beim Streit ums Seelenheil,
denn Esel denken sich ihr Teil.
Ob Mekka oder Bethlehem –
für Esel ist dies kein Problem.

Gegen den Strich

Schön ist ein Zylinderhut,
wenn man ihn gut bürsten tut,
doch er wirkt ganz lächerlich,
bürstet man ihn gegen 'n Strich.

Fröhlich ist Herr Wohlgemut,
wenn's im Leben schön und gut,
doch er wird ganz widerlich,
geht's ihm gegen seinen Strich.

»Komischer Zylinderhut,
trauriger Herr Wohlgemut«,
denkt ein Igel still bei sich.
»Mir geht alles widern Strich.«

Hinters Ohr zu schreiben

Es ist das Merkmal aller kleinen Geister,
daß sie sehr schnell zur Kritik sind bereit.
Im Gegensatz hierzu der wahre Meister
schafft an sich selbst, strebt zur Vollkommenheit.

Er sieht sein Werk und seine Geistesgaben
und kennt die Lücken, groß und ungezählt.
Erst wenn wir wissen, was wir alles haben,
dann wird uns klar, wie vieles uns noch fehlt.

Über tredition

Eigenes Buch veröffentlichen

tredition wurde 2006 in Hamburg gegründet und hat seither mehrere tausend Buchtitel veröffentlicht. Autoren veröffentlichen in wenigen leichten Schritten gedruckte Bücher, e-Books und audio-Books. tredition hat das Ziel, die beste und fairste Veröffentlichungsmöglichkeit für Autoren zu bieten.

tredition wurde mit der Erkenntnis gegründet, dass nur etwa jedes 200. bei Verlagen eingereichte Manuskript veröffentlicht wird. Dabei hat jedes Buch seinen Markt, also seine Leser. tredition sorgt dafür, dass für jedes Buch die Leserschaft auch erreicht wird.

Im einzigartigen Literatur-Netzwerk von tredition bieten zahlreiche Literatur-Partner (das sind Lektoren, Übersetzer, Hörbuchsprecher und Illustratoren) ihre Dienstleistung an, um Manuskripte zu verbessern oder die Vielfalt zu erhöhen. Autoren vereinbaren direkt mit den Literatur-Partnern die Konditionen ihrer Zusammenarbeit und partizipieren gemeinsam am Erfolg des Buches.

Das gesamte Verlagsprogramm von tredition ist bei allen stationären Buchhandlungen und Online-Buchhändlern wie z. B. Amazon erhältlich. e-Books stehen bei den führenden Online-Portalen (z. B. iBookstore von Apple oder Kindle von Amazon) zum Verkauf.

Einfach leicht ein Buch veröffentlichen: **www.tredition.de**

Eigene Buchreihe oder eigenen Verlag gründen

Seit 2009 bietet tredition sein Verlagskonzept auch als sogenanntes "White-Label" an. Das bedeutet, dass andere Unternehmen, Institutionen und Personen risikofrei und unkompliziert selbst zum Herausgeber von Büchern und Buchreihen unter eigener Marke werden können. tredition übernimmt dabei das komplette Herstellungs- und Distributionsrisiko.

Zahlreiche Zeitschriften-, Zeitungs- und Buchverlage, Universitäten, Forschungseinrichtungen u.v.m. nutzen diese Dienstleistung von tredition, um unter eigener Marke ohne Risiko Bücher zu verlegen.

Alle Informationen im Internet: **www.tredition.de/fuer-verlage**

tredition wurde mit mehreren Innovationspreisen ausgezeichnet, u. a. mit dem Webfuture Award und dem Innovationspreis der Buch Digitale.

tredition ist Mitglied im Börsenverein des Deutschen Buchhandels.

Dieses Werk elektronisch lesen

Dieses Werk ist Teil der Gutenberg-DE Edition DVD. Diese enthält das komplette Archiv des Projekt Gutenberg-DE. Die DVD ist im Internet erhältlich auf **http://gutenbergshop.abc.de**